AF599865

LOLA DE PÁRAMO

AUSENTE DE ÁNGULOS

LOLA DE PÁRAMO

AUSENTE DE ÁNGULOS

HUERGA & FIERRO editores

Diseño de Colección: Huerga y Fierro

Primera edición: 2025

© Portada y fotografía de la autora: Paco Rubio

© Lola de Páramo
Derechos exclusivos de edición en castellano
reservados para todo el mundo

© 2025: Huerga y Fierro editores, S.L.U.
C/Sebastián Herrera, 9
28012 Madrid-España
Telf.: 91 467 63 61
www.huergayfierro.com
huerga@huergayfierro.com

I.S.B.N.: 979-13-990057-2-1
Depósito Legal: M-5743-2025
Impreso en Romadac Industria del Libro
Impreso en España/Printed and made in Spain

Cualquier forma de reproducción, distribución, comunicación pública
o transformación de esta obra solo puede ser realizada con la autorización
de sus titulares, salvo excepción prevista por la ley. Diríjase a CEDRO
(Centro Español de Derechos Reprográficos) si necesita fotocopiar
o escanear algún fragmento de esta obra.
(www.conlicencia.com; 34 91 702 19 70 / 34 93 272 04 47)

Palabras amorosas aflorarán ellas solas
como estrellas andarinas, sembrando en el infinito
una estela de colores con vuestro nombre que es mi luz

A mi hijo Manuel.

A la memoria, de mi hermano Joselu,
de mi madre y de mi padre.

Y a mis hermanos.

AUSENTE DE ÁNGULOS

Lola tiene una manera de decir que surge de un manantial profundo ajeno a las corrientes y a las modas Tal vez tenga algo más que ver con los místicos castellanos, los poetas sufíes de Al-Ándalus o los surrealistas.

IGNACIO VLEMING

Mi pupila cósmica
Fondea el anclaje
De las revelaciones
Que la memoria
Olvidará

Ausente de ángulos
Sin forma
Sin luz propia que la guie
Mi soledad
En la oscuridad
Va

Pensamiento
Fragua
De trabajo
Incierto

Mi estrella
Luciérnaga
Encendida

Sublime pecado
Tu boca
Me arrastra a oscuras
Nubes peregrinas
Sin retorno

La crisálida
De mis sueños
Me dice
La música
Es la corona
Del universo

Mi alma
Luz eterna
Que mengua y calla
Que crece
        Y haya
Su propio
Fruto
        Interior

Tu aliento
Agua pura
Que crece
Por el romeral
Siendo alimento
De mi boca seca

Las gotas de esmeraldas
Solo el jazmín
Las saborea

Decepciones

Se precipitó
Mi sueño
Resbaló
Cayó
Como un extraño
Solo reconocía
A tus pestañas

A los niños

Tú ves la alegría
De las peladillas
Nómadas
        Al caer

Mirada
De estrellas liquidas
Caen aterciopeladas
Perfumando de aromas
Un cielo
Inexistente

Ojos
Testigo irreal
De un tiempo
Mudo
Sin lágrimas

Sin materia
Sin mirada
Sin olor
Ya
Tú alma va como ermita Santa
Buscando la Luz

Tu voz
Ya
Murmullo de arroyo
Va a encontrarse
Con la raíz
De su árbol
Milenario

Imposible olvidar
A las hadas
De tú cuento

Luciérnaga de la noche
Ilumina
Mi pensamiento
Oscuro

Entran en el camino
Fácilmente
Llamadas de aquel bien
Que está presente

El silencio
Despierta de su
Hibernación
Al tiempo

Las inflorescencias
De la rosa
Olvidaron
Aromatizar
El espacio
Y el tiempo

Descubriendo otras dimensiones

El pensamiento
Según yo
Tiene volumen
Peso
Y movimiento

Gorrión

Los gorriones son los niños del aire,
la chiquillería de las plazas y arrabales.
Son el pueblo pobre...
MIGUEL HERNÁNDEZ

Amanece
Se da a la vida
Entre los efluvios
De la flor del magnolio
Escogido
Con perfumes de emperador
Rompe el ovalo verdoso
Azul y marrón
De cosido incierto
A punto veloz
En el arbolado
Entre las ramas audaces
Allí tejieron su nido

Madurar

Cubiertas de escamas
Mis palabras
Despertaron
Con olor
A óvulo
Fecundado

Eres luminoso
Espectro
En el firmamento
Onírico

Mis hadas y duendes
Flotan
En una esfera sideral
Multicolor
Desafiando
Al sueño

Mi mente
Instrumento
Desafinado
Busca
El deleite
De la armonía

A la esperanza

Pequeñas
Diminutas
Perfumadas
Brotan en batallas
De colores
Esgrimiendo a abejas
Vespertinas
Que espolvorean
Su polen
Invencible
Hacia el claustro
Sin misericordia
Aún fértil

Expirabas
Tú aliento de juncos
De tus labios
Sus últimas palabras
Como uvas
Cayendo de su parra
Como siempre
Para Él
Dios

Hueles a Merlín
Contador
De páginas
Que solo se leen
En sueños

Dibujando en las estrellas

En mi espalda
Dibujas
Pensamientos estudiados
En un círculo estático
Con movimientos plateados
En su interior

El árbol y el ruiseñor

En los árboles del huerto
hay un ruiseñor:
Canta de noche y de día
canta...
Antonio Machado

Sin querer
Sin saber
Florecía
Después el fruto
Atrapaba los colores
En el aire
Humectando sus aromas
En el viento
Despertando a la sed
Del ruiseñor
Dormido

De mariposas

Fútil vuelo
En la primavera
Temprana
Corto aleteo
Vistoso de colores
Y formas
Te cautivan los viajes
A los más supremos olores
Impulsando de néctar
Tu revoloteo más corto
A la fallida luna
Que te despertó

Mariquitas

Viento céfiro
Traes envueltas
A las mariquitas encarnadas
Que deliran
Por regalarse
A la vida
Saltando
A la vez
Y de una
En una

Amores perdidos

Nuestros besos
Mudos testigos
En el horizonte ausente
Huérfanos quedaron
Llorando silenciosos
La pérdida del amor
Que no fue

A mi olmo

En los bosques suceden cosas sorprendentes:
Los árboles se comunican entre sí.
Árboles que tienen emociones y recuerdos,
se cuidan entre ellos...
PETER WOHLLEBEN, Guarda forestal

Incipientes
Crecen
Atrapando
Con sus garras
A la tierra
Y a las nubes casquivanas
Que golpean con su lluvia
Las hojas de mi olmo
Deslizándose por sus ramas
Esmeraldas bulliciosas
No olvidando
Su tenue
Vibración

Resplandeces
Como el árbol
Se libera
Sacudiendo
Sus viejas cortezas
Mostrando
Su nuevo color
Saboreando
El nuevo oxígeno
A si tu cuerpo sobre el mío
Sobrevive
Respirando

Tus labios
Esplendor
De un cauce oscuro
Murmullo
De olas
Sin arena

Plataneros maduros

Dulce bananero
Seduces
A las culebrillas
Mágicas
Que se convierten
En insectos
Para devorarte
Entero

El color de los campos

Amapola escarlata
Tu polen adormilado
Despierta
Prendido en el viento
Sembrando la tierra
De paisajes por hacer

La mística de la naturaleza

El alma que anda en amor,
ni cansa ni se cansa.

Niega tus deseos y hallarás lo que desea tú corazón
San Juan de la Cruz

Fragilidad

Bajo su extraño influjo talar
La debilidad
Esconde
La fortaleza

Otra vez la oscuridad

Quién se llevará
El manto sombrío
Que oscurece
A la mantilla luminosa
Recamada de oro y plata
Que guarecía
El cielo prometido

Patos

Destellean sus colores
Entre nubes agitadas,
A la sombra del maestro
Vuelan con la forma del ala del ángel
Buscando la brisa dorada
Y la bendición del agua
Ni los gavilanes
Ni las águilas
Los alcanzan

Al alma

Son Ángeles
Los que vienen
A despertar
Mi sueño
Con aromas
De rosas
En las muñecas

Luz

Limpio mi corazón
Con espátulas sigilosas
Que arrancan a golpes
Las incrustaciones
Que ocultaban
Las enseñanzas

Diamante

Cristalizado
Sistema cúbico
De formas transparentes
Luz en el vientre oscuro
De la Tierra
Sobrevive
Al tiempo
A la arena
Y a tus
Orejas

Renovación

Se oyen los pensamientos
De las hojas en otoño
Cuando el sol
Las mima
Resplandecen
Y extasiadas
Caen en baladas
Amarilleando

Mis versos
Dormidos
Hechos de papel
Quieren
Despertar
Y
Ser

Nota de la autora

Humildemente escribí estos poemas por si os inspiran, alegran una mañana que parecía triste o, en cualquier tarde, os ayudan a disfrutar de nuestra maravillosa naturaleza. Quizás en la noche, nos acordamos de nuestra alma y nuestro corazón hilo umbilical que nos une a nuestro planeta y al Universo.

Gracias por leerme.

Índice

Esta obra
se acabó de imprimir
con los auspicios de
Charo Fierro y
Antonio J. Huerga, editores

FINIS CORONAT OPUS